AF381027

BUSINESS

LE MARKETING MIX

Les 4 P du marketing

Par Morgane Kubicki
Sous la direction de Carmela Milano

50MINUTES.fr

LE MARKETING MIX

DONNÉES-CLÉS

- **Dénominations ?** Marketing mix, mix marketing, plan de marchéage, politique de marchéage
- **Usages ?** Le marketing mix est un outil de base de décisions marketing
- **Raisons de son efficacité ?** Le modèle reprend en quelques points l'ensemble des outils mis à disposition des responsables marketing pour prendre des décisions
- **Mots-clés ?** Produit, prix, place, promotion, marché cible

INTRODUCTION

Historique

Le terme de marketing mix est apparu pour la première fois dans l'ouvrage intitulé *The Concept of Marketing Mix* (1948) du théoricien Neil H. Borden (1895-1980), professeur de marketing et publicité à la Harvard Business School. Il dit avoir été lui-même inspiré par une recherche de James W. Culliton (1912-2004) qui décrivait le rôle du responsable marketing comme un « mélangeur d'ingrédients » et propose à ce stade une liste de douze éléments du marketing mix industriel. En 1960, le professeur Jerome McCarthy (né en 1928) reprend la théorie de Borden et en retient quatre points essentiels, à savoir les 4 P (produit, prix, place et promotion) dans son ouvrage *Basic Marketing : a Managerial Approach*. La particularité mnémotechnique de cette approche participe à son succès et celle-ci est largement reprise par les *marketers*. Le marketing mix et les 4 P du marketing sont souvent utilisés pour exprimer la même idée bien qu'ils ne soient pas vraiment synonymes. Le marketing mix est un concept qui décrit les différentes étapes et les choix que les entreprises ou les marques ont à faire tout au long du processus d'entrée sur le marché d'un produit ou d'un service ; alors que le modèle des 4 P est une façon – probablement la plus connue – de définir le marketing mix.

Définition du modèle

Le marketing mix est un concept marketing qui regroupe tous les outils mis à la disposition des *marketers* pour développer des actions efficientes et atteindre leurs objectifs de pénétration de vente auprès du marché ciblé.

THÉORIE – PRÉSENTATION DU CONCEPT

OBJECTIFS DU MODÈLE

Le marketing mix regroupe l'ensemble des décisions et actions marketing prises pour assurer le succès d'un produit, d'un service, d'une marque ou d'une enseigne sur son marché.

Première étape décisive de la démarche marketing : l'analyse du marché. Une fois celle-ci réalisée, le modèle des 4 P peut s'avérer un outil décisionnel de qualité pour les *marketers*. En effet, en plus de couvrir les champs de l'ensemble des éléments sur lesquels les *marketers* peuvent agir, ce modèle est simple d'utilisation. Sa dénomination particulière participe sans doute également à son succès. Ce système de classification est l'un des plus utilisés dans le marketing mix, aussi bien dans les manuels de référence que dans la vie active.

Plus largement, le modèle du marketing mix peut être utilisé pour aider à la prise de décision dans le contexte d'une nouvelle offre sur le marché, mais également pour tester sa propre stratégie marketing.

CONTEXTE ET THÉORICIENS

Le marketing mix apparaît alors que l'on observait une nette augmentation de la consommation. Pendant les Trente Glorieuses (période de forte croissance économique, entre la fin de la Seconde Guerre mondiale et la première crise pétrolière, que connurent la plupart des pays développés, 1946-1973), on assiste à une explosion de la consommation de masse. Jusqu'ici, le marketing s'était contenté de comprendre les préférences et les comportements du consommateur ; avec l'arrivée du marketing mix il est désormais possible d'obtenir une vision d'ensemble de la mise sur le marché d'un produit particulier. Bien que l'on attribue cette théorie à McCarthy, qui a identifié les 4 P, ce dernier s'est en réalité inspiré de la liste dressée par Neil Borden dans *The Concept of Marketing Mix*. Le professeur reconnaît d'ailleurs lui-même avoir été influencé par les recherches de son associé, James Culliton, qui décrit le rôle du responsable marketing comme un « mélangeur d'ingrédients ». Plus tard, Philip Kotler (né en 1931), le père du marketing moderne, reprend le concept des 4 P et en propose une actualisation dans son ouvrage le plus connu intitulé *Marketing Management* (en collaboration avec Kevin Keller, Delphine Manceau et Bernard Dubois).

Les auteurs ne se sont pas tous d'accord sur la nature des éléments du marketing mix. Si Neil Borden parlait de « procédures », aujourd'hui, les termes « paramètres », « outils » ou « instruments » sont préférés.

La liste originale de Neil Borden est composée de 12 éléments de marketing mix qui doivent être pris en compte par le marketer :

- le produit ;
- le prix ;
- la marque ;
- les canaux de distribution ;
- la vente personnelle (face à face) ;
- la publicité ;
- les promotions ;

- l'emballage ;
- l'étalage ;
- le service ;
- la manipulation physique ;
- la recherche de données et l'analyse.

McCarthy propose, quant à lui, de regrouper ces variables en quatre catégories, ou quatre leviers d'action :

- le produit ;
- le prix ;
- la place ;
- la promotion.

Les 4 P du marketing mix

Ces listes, qu'elles soient composées de douze ou de quatre éléments, regroupent en réalité tous les outils dont dispose une entreprise pour influencer ses ventes. Cette théorie ne révèle néanmoins aucune vérité absolue et ne permet en aucun cas d'assurer à 100 % l'efficience des décisions. La qualité de la stratégie marketing mise en place réside dans la pertinence et la cohérence entre les quatre éléments qui composent la théorie du marketing mix. Celle-ci pourrait en quelque sorte être résumée de cette manière : le bon produit, à la bonne place, au bon prix et au bon moment. Pour ce faire, il suffit de :

- créer un produit ou un service qu'un groupe de personnes particulier désire ;
- le vendre à un endroit régulièrement fréquenté par ces individus ;
- le commercialiser à un prix qui correspond aux attentes des clients ;
- le rendre disponible lorsque ces derniers souhaitent en disposer.

Cette approche est pertinente, mais il ne faut pas négliger la charge importante de travail qu'il faudra fournir pour rassembler toutes les données nécessaires, telles que les désirs, les attentes et les comportements des clients. Reste encore à déterminer comment produire le bien ou service, à quel prix et à quel moment le commercialiser pour optimiser les ventes. Cette idée suppose une connaissance approfondie du marché cible, qui est lui aussi à définir. L'analyse du marché entre alors en ligne de compte.

LES COMPOSANTS DU MODÈLE

La politique de produit

Est appelé « produit » ce qui constitue une offre répondant à un besoin sur un marché. Autrement dit, un produit peut être un objet physique ou un service introduit sur le marché afin de satisfaire un désir ou un besoin après achat et utilisation ou consommation. La politique de produit désigne dès lors le choix des caractéristiques relatives aux biens ou aux services proposés par l'entreprise, c'est-à-dire la nature, la qualité, la taille, le design, etc. Il peut également s'agir de décisions concernant la marque, le packaging, le label, ou encore la gamme.

La politique de prix

Le prix est la somme d'argent que le consommateur doit dépenser pour acquérir le produit. La politique de prix comprend les notions de :

- prix fixé, c'est-à-dire celui qui sera proposé en magasin ;
- remises ;
- modalités de paiement ;
- conditions de reprise ;
- conditions de crédit.

Elle s'interroge sur la démarche de fixation d'un prix pour un produit ou sur celle relative à la fixation des prix au sein d'une gamme. La politique de prix n'est pas figée et peut évoluer en fonction des actions promotionnelles ou selon le cycle de vie du produit. Elle doit prendre en compte de nombreuses contraintes et variables, que ce soit du côté du producteur comme celui du consommateur : les coûts de revient, l'image du produit, les coûts de distribution, l'élasticité du prix (c'est-à-dire l'impact d'un changement de prix sur la demande des consommateurs), les conditions de concurrence (monopole, oligopole, concurrence), etc.

La politique de distribution

Le P de *place*, en anglais, correspond à la politique de distribution.

Elle comprend :

- les circuits de distribution ;
- les réseaux de distribution ;
- l'assortiment ;
- les emplacements ;
- la disponibilité ;
- les transports ;
- la logistique.

L'entreprise a le devoir de mettre en place et d'animer les réseaux de distribution, aussi choisit-elle ses points de vente (ses propres enseignes ou des distributeurs) qui se chargeront de présenter le produit, d'assurer sa disponibilité en rayon, de proposer les promotions, ou encore de fournir des conseils aux clients.

La politique de communication

Le quatrième P, parce qu'il est traduit de l'anglais, porte souvent à confusion : il faut traduire *pro-*

motion par le mot français « communication » et non par « ristourne ».

La politique de communication englobe principalement :

- la publicité ;
- le marketing direct ou sur les lieux de vente ;
- les relations publiques ;
- le sponsoring.

Paradoxalement, elle peut, dans une certaine mesure, impliquer une action sur le prix (primes, bons de réduction ou actions spéciales limitées dans le temps par exemple), mais cela restera une action de communication et non une politique de prix.

Interdépendance de ces politiques

L'équipe marketing doit veiller à ce que toutes ces décisions soient prises en fonction des intermédiaires de distribution et des clients finaux, alors que de son côté, le responsable marketing se charge de comprendre les besoins et attentes de ses clients et de leur proposer une offre ou une solution. Il informe ses clients et choisit un prix en accord avec la valeur qu'ils perçoivent du produit. Il doit ensuite déterminer les points de vente pour distribuer le produit.

Pour les quatre politiques, chaque décision doit donc être prise en fonction des consommateurs visés et du positionnement que l'entreprise a choisi d'adopter, mais doit également tenir compte des autres domaines, car prise séparément, elle n'a aucun intérêt. De fait, la force du marketing mix est de combiner tous les éléments mis à disposition du marketer.

Le couple produit-prix, s'il est essentiel, n'est pas le plus important. Tous les éléments du marketing mix ont une influence sur les autres. Par exemple, le prix doit tenir compte de nombreuses variables et notamment des autres P, c'est-à-dire de la marque, du réseau de distribution et de la communication. La communication ou la distribution peuvent ainsi influencer le prix de vente. Dès 1979, Paul Faris et David Reibstein examinent les relations entre les différentes variables pour déterminer leur influence. Ainsi, une marque de qualité standard, moyennant un fort soutien publicitaire, peut plus facilement augmenter le prix de ses produits. La distribution a également une influence fondamentale sur la politique de prix. Par exemple, une entreprise ne peut pas fixer ses prix sans savoir si le produit sera distribué directement par la marque ou par un intermédiaire, qui peut lui-même être un petit revendeur ou faire partie de la grande distribution. Ces choix ont en effet un impact indirect sur les coûts de distribution, qui sont une variable de base de la politique de prix. En somme, les variables sont interdépendantes.

LIMITES DU MODÈLE ET EXTENSIONS

LIMITES ET CRITIQUES DU MODÈLE

Une gestion efficace du marketing mix va créer de la valeur pour l'entreprise aux yeux de sa clientèle. La condition inhérente est donc de connaître sa cible et de définir le positionnement de sa marque sur le marché. La planification stratégique consiste alors à gérer toutes ces données avec les éléments du marketing mix. Établir un modèle en utilisant les principes de cette théorie ne suffit pas si une étude du marché cible n'a pas été préalablement réalisée.

La plupart des critiques du modèle portent sur les 4 P, et non sur le marketing mix en tant que tel. En effet, ce dernier, dans sa définition large, se compose d'« outils marketing opérationnels » permettant à l'entreprise de cibler son marché en vue de percevoir les retombées espérées (KOTLER (Philip), KELLER (Kevin), MANCEAU (Delphine) et DUBOIS (Bernard), *Marketing Management*, 13e

édition, Paris, Pearson Education, 2009, p. 29).
On ne peut donc pas véritablement critiquer le
marketing mix en lui-même, mais plutôt la manière de l'aborder.

Les auteurs qui ont critiqué les 4 P proposent en
général d'améliorer ce système de classification.
Michel Chevalier et Pierre Louis Dubois, dans
Les 100 mots du marketing, avancent l'idée que
les 4 P ne tiennent pas compte de la marque du
produit, qui est une jonction entre la politique de
produit et la politique de communication. Dans
le modèle présenté par McCarthy et repris par
Kotler, le nom de la marque fait pourtant partie
de la politique de produit. Michel Chevalier et
Pierre Louis Dubois affirment également que,
si le marketing mix doit tenir compte des 4 P
simultanément, les différentes politiques prises
en compte ne sont presque jamais gérées par la
même personne. En effet, le modèle du marketing mix est présenté comme un ensemble, ce qui
porte à croire qu'une seule et même personne
ou équipe prend l'ensemble des décisions. Or,
les éléments qui le composent relèvent souvent
de différents secteurs de l'entreprise. Ainsi, la
politique de produit peut relever d'un directeur

général ou d'un service innovation, alors que la politique de communication est gérée par le service communication.

Enfin, il faut être conscient que le marketing mix n'est qu'un outil général pour aider à la prise de décisions. Si on entre dans le détail de chaque politique, d'autres concepts, plus spécifiques, sont à maîtriser. Par exemple, la politique de prix nécessite des connaissances plus approfondies de concepts comme le taux de rentabilité ou la valeur perçue.

MODÈLES CONNEXES

Les 7 P

Pour pallier les manques du modèle des 4 P, certains auteurs préconisent l'ajout de nouvelles données. Le plus connu de ces modèles est celui des 7 P (1981) de Bernard H. Booms et Mary Jo Bitner, qui complète les 4 P définis par McCarthy en ajoutant la personne, le processus et le support physique.

Le modèle des 7 P

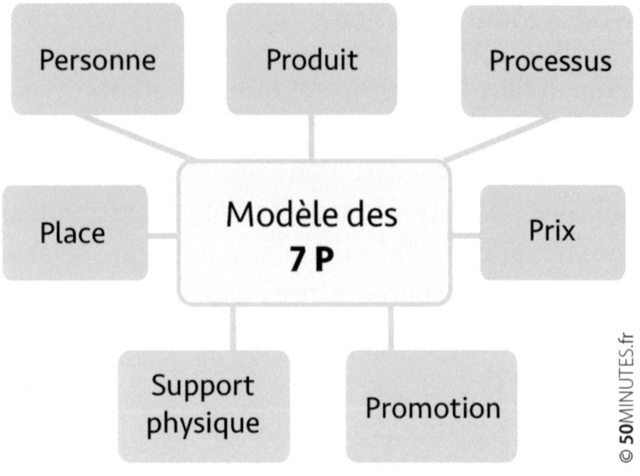

- La personne, dans le sens entendu par les 7 P, ne représente pas le client de l'entreprise, mais bien le membre de son personnel qui met en place les stratégies marketing. Leur influence est importante, car ils entrent en contact avec les prospects. La réputation et l'image de l'entreprise sont entre leurs mains et passent à travers leurs visages. Les « personnes » constituent l'un des rares éléments du marketing mix avec lequel les clients peuvent interagir.

- Le processus fait référence à la façon dont le marketer fournit un service client efficace et pertinent. Il peut s'agir du service après-vente, des conseils, des heures d'ouverture ou encore de la livraison à domicile. C'est une manière de construire une fidélité à la marque.
- Le support physique se rapporte aux composantes matérielles du magasin, comme la vitrine ou l'organisation en rayon, pour des produits tangibles.

On peut critiquer l'apport conceptuel de ces trois P supplémentaires, dans la mesure où les idées qu'ils représentent peuvent être incluses dans les 4 P originaux de McCarthy. En effet, le « processus », au sens large du terme, est lié au concept de produit. La « personne » est essentiellement liée au produit et à la promotion. Le « support physique », quant à lui, est compris, du moins en partie, dans la promotion.

Le S

D'autres P sont également proposés :

- Philip Kotler, dans *Principles of Marketing* (1986), suggère d'ajouter le pouvoir politique et l'opinion publique ;

- Claudio Vignali et B. J. Davies, dans *The Marketing Mix Redefined and Mapped : Introducing the MIXMAP Model* (1994), proposent quant à eux d'ajouter un S pour « service ».

Les secteurs ajoutés au modèle de base permettent d'ailleurs souvent d'améliorer le marketing mix dans le domaine des services. Selon les enseignements, on évoque également le « positionnement », le « packaging », la « participation » ou la « personnalisation », apparus notamment avec les techniques du web 2.0 et du marketing 2.0.

Les 4 C

Un modèle parallèle aux 4 P, dénommé les 4 C, a également vu le jour pour répondre à l'une des critiques principales du modèle de McCarthy, à savoir le point de vue orienté du marketer au détriment de celui de l'acheteur. Les 4 C de Robert F. Lauterborn, construits à partir des 4 P et modélisés dans *New Marketing Litany : Four Ps Passe, C-Words Take Over* (1990), sont centrés sur le client plutôt que sur le produit. Ce modèle prend tout son sens si l'on considère que le but du marketing est de satisfaire les besoins du consommateur.

Les 4 C sont :

- le consommateur. La politique de produit devient la solution offerte au consommateur. Il faut offrir au client ce qu'il recherche réellement et, pour se faire, étudier ses comportements d'achat.
- le coût. La politique de prix devient le coût pour le consommateur. Le prix n'est en réalité qu'une partie du coût que le client est prêt à payer. Le coût comprend le prix d'achat, mais aussi le coût de l'obtention, de l'utilisation et de l'abandon d'un produit, ainsi que le coût des produits accessoires.
- la communication. La traduction du modèle anglais portait quelque peu à confusion et a donc été corrigée. On parle maintenant de la communication pure, qui est plus coopérative et qui tend à créer un dialogue entre l'entreprise et le client potentiel. Le but est que la communication ne provienne pas uniquement de l'entreprise, mais que celle-ci se développe également au contact des consommateurs.

- la commodité d'accès. Au lieu d'établir des stratégies de distribution, le marketer se met à la place du client pour comprendre quelles sont les commodités d'accès qui lui permettront d'acquérir le produit. Avec l'arrivée et le succès d'Internet, penser à cet élément devient de plus en plus important.

MISE EN PRATIQUE DU CONCEPT

CONSEILS ET *BEST PRACTICES*

Le marketing mix peut aider à la décision dans le cadre d'une nouvelle offre sur le marché ou pour tester une offre existante. Il va sans dire qu'il faut commencer par identifier l'objet que l'on désire analyser, que ce soit un produit, un service ou encore une marque par exemple.

Avant de construire ou d'analyser la stratégie marketing basée sur les 4 P ou sur un modèle connexe, l'entreprise doit définir son marché cible. Pour ce faire, elle doit effectuer une étude de marché, qui lui permettra de mieux comprendre les attentes des consommateurs et de se positionner en conséquence.

Par ailleurs, il est nécessaire de réaliser un diagnostic interne et externe de l'entreprise pour déterminer la segmentation du marché (division du marché en groupes de consommateurs homogènes en fonction de leurs besoins, de leurs caractéristiques ou de leurs comportements).

L'entreprise s'engage ensuite sur un ou plusieurs segments du marché et choisit un ciblage marketing (une sélection de segments en fonction de l'intérêt stratégique que ceux-ci représentent pour l'entreprise).

Lorsque le ciblage a été effectué, elle peut définir son positionnement, autrement dit placer son produit par rapport aux concurrents.

On remarque ici que les consommateurs sont au centre de la démarche marketing. C'est pour cette raison que le modèle des 4 C est souvent préféré à celui des 4 P, même si les variables sont ici simplement abordées sous un autre angle.

Pour établir sa stratégie de marketing mix, l'entreprise doit alors répondre à une série de questions pour chaque élément du modèle.

Déterminer les attributs du produit/du service

La première étape consiste à déterminer les attributs du produit ou du service. Pour ce faire, il faut se poser les questions suivantes :

- Qu'est-ce que le consommateur attend du produit ou du service ?
- Quels sont les attributs nécessaires au produit pour répondre à ces attentes ?
- Comment et dans quel contexte le consommateur utilisera le produit ?
- Comment se présente le produit ? Cette question inclut l'aspect du produit en lui-même, mais aussi son packaging.
- Quel nom et quelle marque donner au produit ?
- En quoi le produit est-il différent de celui des concurrents ?
- Quel est le coût maximal de revient du produit pour que sa vente reste profitable ?

Au cours de cette première étape, les questions concernant le produit rejoignent celles qu'il faut se poser lorsque l'on aborde la politique de prix.

Déterminer la politique de prix

Le prix peut être fixé en fonction des coûts ou en fonction de la valeur perçue du produit. Peu importe l'approche choisie, elle doit pouvoir répondre aux questions suivantes :

- Quelle est la valeur du produit pour le consommateur ?
- Y a-t-il un prix de base pour ce produit ? Où se positionne le prix par rapport à celui de ses concurrents ?
- L'élasticité du prix du produit est-elle importante ? Une diminution du prix pourra-t-elle augmenter les parts de marché ? À l'inverse, une augmentation pourra-t-elle dégager plus de bénéfices ?

Déterminer les modes de communication

En ce qui concerne la communication, il ne s'agit pas seulement de choisir une approche. Les outils mis à la disposition du marketer sont si nombreux qu'un département particulier consacré à la communication est souvent en charge de trouver la meilleure façon d'atteindre le public cible, une fois celui-ci identifié. Il est indispensable de bien connaître sa cible et le type de réaction souhaitée avant d'établir une stratégie pour pouvoir choisir les moyens de communication adaptés. La plus grosse partie des dépenses allouées à la communication est consacrée à la publicité. Il peut s'agir de campagnes de :

- presse (générale ou spécialisée) ;
- affichage ;
- télévision ;
- radio ;
- cinéma ;
- communication Internet.

Pour rappel, si la promotion des ventes garde un lien avec la politique de prix (échantillons, primes, concours, bons de réduction, etc.), elle reste néanmoins une action sur la politique de communication.

Augmentons la liste précédente avec d'autres outils, tels que :

- les relations publiques ;
- le marketing direct et interactif (qui utilise la personnalisation et l'interactivité) ;
- le marketing viral (souvent pratiqué sur Internet) ;
- la vente (qui engage un échange interpersonnel entre la marque et le client).

Il convient donc de se poser les questions suivantes :

- Quels sont les moyens les plus pertinents pour toucher mon public cible ?
- Quand faire ma promotion ? Mon marché est-il saisonnier ?
- Quelles actions de communication sont entreprises par mes concurrents ? Est-ce que celles-ci influencent le choix de mes actions ?

Déterminer les lieux de distribution

Pour la place, la stratégie de distribution doit être déterminée en accord avec les autres éléments du marketing mix. Le positionnement du produit/service choisi au préalable influencera inévitablement la décision portant sur le mode de distribution de ce dernier.

La promotion et la place interagissent également si l'entreprise a choisi d'adopter une stratégie *push* (s'appuyant sur la force de vente et le réseau de distribution) ou une stratégie *pull* (fondée sur la communication au consommateur et en particulier la publicité) dans sa politique de distribution.

Le produit, en lui-même, influencera aussi les choix : est-ce un achat routinier ou exceptionnel ? Est-ce un produit de base ou un produit de luxe ? Toutes les variables déterminées plus tôt rentrent en considération alors qu'elles sont elles-mêmes influencées par la politique de distribution. Par exemple, développer son propre réseau de distribution aura une influence sur le prix et la communication. Le marketer doit tout de même pouvoir répondre à un certain nombre de questions :

- Où les clients potentiels chercheront-ils à acquérir le produit ?
- Les clients achèteront-ils plus facilement ce produit dans un magasin généraliste, une boutique spécialisée, en ligne ou encore par correspondance ?
- Le réseau de distribution choisi est-il facilement accessible pour les clients ?
- Gérer sa propre force de vente est-elle nécessaire ?
- Que font les concurrents ? Comment adapter son modèle ou se différencier ?

ÉTUDES DE CAS

Dans cette étude de cas, nous présenterons deux entreprises qui se sont appuyées sur la stratégie du marketing mix de McCarthy. Le premier cas, consacré à la chaîne allemande de magasins Aldi, est tiré de *The Times 100, Business Case Studies* et démontre comment, dans un secteur très concurrentiel, un produit qui n'est pas forcément innovant, peut s'imposer et créer de la valeur grâce à une stratégie efficiente des autres éléments du marketing mix.

Le deuxième cas provient d'un entretien entre Alain Afflelou, Étienne Gless et Dominique Michel (*L'Entreprise,* n° 249, octobre 2006) et d'un article de Baptiste Diebold (« Afflelou entrevoit la vie sans Alain » in *Challenges,* n° 29, 30 mars 2006). Cette analyse met en lumière la puissante stratégie marketing créée par Afflelou, qui innove dans chacun des domaines du marketing mix.

Aldi – Créer de la valeur par le marketing mix

Depuis sa fondation en 1913, Aldi a réussi à s'imposer comme l'un des plus grands revendeurs européens. Son but initial était le suivant : fournir aux consommateurs des produits qu'ils achètent régulièrement, commercialisés sous la marque propre d'Aldi, à des prix concurrentiels. Dans la stratégie marketing de cette entreprise, les différents éléments du marketing mix sont tous en accord. L'innovation ne porte pas sur le produit, mais sur la façon dont les 4 P sont agencés pour créer une réelle stratégie de marketing mix.

Aldi, qui essaye de fournir une grande variété de produits de qualité standard, distribue sous sa marque propre. Le premier P au centre de la stratégie de l'entreprise est le prix. Pour pouvoir offrir un produit moins cher que celui de ses concurrents, l'entreprise base sa politique sur l'optimisation des coûts et adapte les politiques des autres P en fonction de cet objectif.

Les produits sont achetés en grande quantité et peu d'argent est dépensé dans la mise en avant de ces derniers (packaging, marque, conditionnement, etc.).

Au niveau de la distribution, l'entreprise essaye encore une fois de réduire les coûts en limitant les dépenses de mise en rayon et d'aménagement des points de vente. Pour ce qui est de la localisation de ses magasins, quatre critères sont pris en compte :

- le nombre de personnes qui visitent ou habitent la zone ;
- la faible concurrence. Aldi se situe en général en périphérie du centre-ville et dans les endroits bénéficiant d'une bonne visibilité depuis la route principale, avec un minimum de concurrence aux alentours ;
- l'accessibilité du magasin, notamment via les transports en commun ;
- un nombre suffisant de places de parking.

La communication de l'entreprise se concentre sur la fidélisation des clients et renforce le message de sa politique de prix et de produit : les produits Aldi sont de qualité égale à ceux des grandes marques, mais moins chers. Des brochures promotionnelles sont ainsi distribuées dans les magasins pour inciter les clients à revenir. Hors médias, l'entreprise s'occupe aussi des relations publiques, d'une liste de mailing, de la gestion des réseaux sociaux, d'actions qui permettent de mettre en avant ses produits par une source externe à l'entreprise. Pour ce faire, Aldi participe à nombre de concours de meilleurs produits de l'année. Remporter ces concours lui permet d'accroître sa visibilité, mais aussi sa crédibilité, car une troisième partie, neutre, aura jugé que son produit est le meilleur.

Aldi a une approche de la vente de détail qui lui donne un avantage dans un marché très concurrentiel. L'équilibre trouvé grâce au marketing mix lui permet de proposer des produits de bonne qualité à un prix le plus bas possible. Sa politique de communication lui permet de redorer l'image de ses produits tout en insistant sur leur prix. Enfin, sa politique de place lui permet de ne pas augmenter les coûts de distribution. Si aucune innovation majeure ne semble avoir été faite sur le prix, le produit, la place ou la promotion, l'adéquation entre ces quatre politiques permet à Aldi de trouver sa place dans le marché.

Afflelou – Un succès basé sur l'innovation dans les différents éléments du mix

Alain Afflelou ouvre son premier magasin en 1970, à Bordeaux. Dès 1984, la chaîne compte déjà près d'une centaine de franchisés. En 2012, l'enseigne possède 722 magasins en France et plus de 1 000 au total. Le succès réside ici dans le fait que la marque a réussi à innover dans chacun des domaines du marketing mix.

- Le produit. Afflelou a toujours proposé des innovations sur les lunettes et les verres avec, par exemple, des verres quasi indestructibles. Pour les clients de plus de 40 ans, la marque a lancé les « Forty », un pack de quatre paires de lunettes pour voir de près. Ces produits ne semblent pas révolutionnaires, pourtant, la marque a été la première à les proposer.
- Le prix. Afflelou est la première enseigne à avoir proposé des lunettes à prix cassés avec

notamment l'offre « Tchin Tchin », la deuxième paire pour un euro de plus. Le couple prix et produit aurait déjà pu suffire, mais la stratégie de marketing mix complète assure à l'entreprise une vraie position dominante sur le marché.

- La place. La marque a également innové dans le domaine de la distribution. En effet, elle possède son propre réseau de distribution et ses magasins sont les premiers à avoir présenté des montures en libre accès.
- La promotion (communication). La marque octroie un important budget au département en charge de la promotion – certainement un des plus gros du secteur – et a recours au sponsoring (partenaire du tournoi de tennis de Roland Garros et du club de football Paris Saint-Germain).

L'entreprise Afflelou a ainsi mis en place une stratégie innovante dans chaque élément du marketing mix, tout en veillant à la cohérence entre les uns et les autres.

Conclusion

Les cas d'Aldi et d'Afflelou sont très différents. Pour le premier, le succès de la stratégie repose sur la cohérence entre les quatre politiques. Pour le second, il s'agit d'innover dans chacun des domaines du marketing mix. Au-delà du fait que le marketing mix fournisse des outils permettant à une entreprise d'atteindre ses objectifs, ce modèle pousse les *marketers* à réfléchir à l'ensemble de la stratégie marketing.

EN RÉSUMÉ

- Le marketing mix met à la disposition du marketer un ensemble d'outils qui lui permettront de prendre des décisions par rapport au marché défini.
- Objectif : le marketing mix est utilisé pour le lancement d'un nouveau produit sur le marché ou pour tester sa propre stratégie marketing.
- Les 4 P : proposé par McCarthy en 1960, ce modèle regroupe les outils du marketing mix en quatre catégories : le produit, le prix, la place (la distribution) et la promotion (la communication).
- Théoriciens : Neil Borden qui a énoncé le concept de marketing mix (1948), puis McCarthy qui a développé le concept des 4 P (1960).
- Contexte : le marketing mix est apparu dans le contexte de l'essor de la consommation de masse.
- Composants : le produit, le prix, la place, la promotion.
- Avantages : le marketing mix reprend en

quelques points l'ensemble des outils à disposition des responsables marketing pour prendre des décisions.

- Limites : le marketing mix est une approche globale de la stratégie marketing, aussi d'autres outils sont à maîtriser lorsque l'on veut travailler la stratégie en profondeur. Les décisions qui concernent les différentes politiques sont souvent le fait de plusieurs personnes ou services et cela rend difficile la cohésion entre les 4 P.
- Extensions : on ajoute souvent trois P (personne, processus et support physique) aux quatre de McCarthy pour compléter le modèle. Les 4 C (consommateur, coût, communication, commodité d'accès) sont une autre variante du concept, qui se recentre sur le client.
- Conseil : avant de prendre des décisions concernant les 4 P, l'entreprise doit être sûre de bien connaître le marché cible dans lequel elle s'insère ou veut s'insérer.

Votre avis nous intéresse !
Laissez un commentaire sur le site de votre
librairie en ligne et partagez vos coups de cœur sur
les réseaux sociaux !

POUR ALLER PLUS LOIN

SOURCES BIBLIOGRAPHIQUES

- ARMSTRONG (Gary) et KOTLER (Philip), *Principes de marketing*, 8e édition, Paris, Pearson Education, 2007.

- BOOMS (Bernard H.) et BITNER (Mary Jo), « Marketing Strategies and Organisation Structure for Service Firms », in *Donnelly J. et George W. R, Marketing of Services*, Chicago (Illinois), American Marketing Association, 1981, p. 47-51.

- BORDEN (Neil H.), « The concept of marketing mix », in *Journal of Advertising Research*, 1964.

- BULTE (Christophe van den) et WATERSCHOOT (Walter van), « The 4 P Classification of the Marketing Mix Revisited », in *Journal of Marketing*, octobre 1992, p. 83-93.

- BYRNE (Katie), « Managing your marketing mix », in *Chartered Accountants* Journal, 2004.

- CHEVALIER (Michel) et DUBOIS (Pierre Louis), *Les 100 mots du marketing*, Paris, PUF., coll. « Que sais-je ? », 2009.

- COLLECTIF, *Le marketing mix ou mix marketing, de la stratégie à l'opérationnel*, Paris, Demos, coll. « Succès en poche », 2012.

- « Creating value through the marketing mix, an Aldi case study », in *The Time 100 Case studies*, consulté le 22 mai 2014. http://businesscasestudies.co.uk/aldi/creating-value-through-the-marketing-mix/introduction.html

- FARIS (Paul) et REIBSTEIN (David), « How Prices, Expenditures and Profits are Linked », in *Harvard Business Review*, novembre-décembre 1979, p. 173-184.

- KOTLER (Philip), KELLER (Kevin), MANCEAU (Delphine) et DUBOIS (Bernard), *Marketing Management,* 13e édition, Paris, Pearson Education, 2009.

- KOTLER (Philip), *Principles of Marketing*, 3e édition, Upper Saddle River (New Jersey),Prentice Hall, 1986.

- LAUTERBORN (Robert F.), « New Marketing Litany : Four Ps Passe, C-Words Take Over », in *Advertising Age*, vol. 61, n° 41, 1990.

- MAGRATH (A. J.), « When Marketing Services, 4Ps are not Enough », in *Business Horizons*, vol. 29(3), 1986, p. 45-50.

- MAILLET (Thierry), *Le Marketing et son histoire ou le Mythe de Sisyphe réinventé*, Paris, Pocket, coll. « Agora », 2010.

- MCCARTHY (Jerome E.), *Basic Marketing : a Managerial Approach*, Homewood (Illinois), R.D. Irwin, 1960.

- PARIOT (Yves), *Les Outils du marketing stratégique et opérationnel*, 2e édition, Paris, Eyrolles, 2011.

- Site d'*Afflelou*, consulté le 22 mai 2014. http://www.alainafflelou.fr/